AF451921

LA SYBILLE,

PARODIE,

REPRESENTÉE

POUR LA PREMIERE FOIS,
par les Comédiens Italiens Ordinaires du Roi,
le 21 Octobre 1758.

PAR M. H****.

La Musique est de M. GIBERT.

Prix 24 sols, avec les Airs notés.

A PARIS.

Chez DELORMEL, rue du Foin, à l'Image
Sainte Geneviève.

M. DCC. LVIII.

AVEC PRIVILEGE DU ROI.

LA SYBILLE.

SCENE PREMIERE.

AZOR, ſeul.

ARIETTE.

Amour lance dans mon ame
　　　Tous tes traits.
J'aime pour jamais,
Pour jamais je m'enflamme.
Frape, à tes coups mon cœur connaîtra tes bien-
　　　faits.
　Amour lance dans mon ame
　　　Tous tes traits.

　Long-tems du Dieu de la Thrace
　　　J'ai ſuivi la trace,
Je me trompois dans mes plaiſirs.
　Euphroſine a ſçû me ſéduire

Et m'inftruire
Sur mes défirs.
Amour lance, &c.

SCENE II.

AZOR, FRANCŒUR.

FRANCŒUR.

AIR. *Caftagno caftagna.*

L'Amour fait dans ce tems
　　Bonne Vendange ;
Tandis que les Mamans
　　Prennent le change.
Penfent que l'on s'occupe
　　Au Verger
　　A Vendanger.
　　Amour qui n'eft pas dupe
Juftement prend ce tems-là.
Talala, &c.

AZOR.

AIR. *Ma Fanchon ne pleurez pas.*

Francœur eft toujours joyeux

FRANCŒUR.

On doit bannir en Vendange

PARODIE.

Tous les foucis ennuyeux ,
C'eſt le tems où l'amour s'arrange.
Puis d'ailleurs le fouci , dit-on ,
N'eſt pas fait pour un bon Luron. (*bis*)

AIR. *Ah ! voila comme l'homme.*

Quand par hazard j'ai du chagrin ,
Je prends un doigt de Brandevin ,
Je cours à l'inſtant chez ma Belle
Et le verre en main auprès d'elle
Mène l'Amour tambour battant.
   Ah ! Voila comme
     L'homme
   Peut être content.

AIR. *Nous autres bons Villageois.*

De Bacchus & de l'Amour.
On célebre aujourd'hui la fête ;
A ſignaler ce grand jour
La bonne Sybille s'apprête.
Cette Dame y préſidera
Et là ſes Oracles rendra ;
Puis l'Amour lui-même y viendra.

A z o r.

Ah ! je ſçais trop qu'il y fera.

FRANCŒUR.

AIR. *Je veux chanter sur ma Musette.*

Le craignés vous mon Capitaine ?

AZOR.

Ces jours passés dans un Jardin,
L'aurore paroissant à peine,
J'allai rêver, mais sans dessein.

FRANCŒUR.

Eh ! quoi ce petit Dieu malin
Vous a-t'il causé quelque peine ?
Lorsqu'il se montre en ce séjour
C'est pour y faire un méchant tour.

AZOR.

AIR. *Noté Nº. 1.*

Sur un buisson de rose en rose,
Voltigeoit un Oiseau charmant;
Un enfant le voit, se propose
De s'en rendre maître à l'instant.

On n'apperçevoit que ses aîles
Peintes des plus vives couleurs ;
Helas ! elles étoient si belles
Qu'elles sembloient former des fleurs.

L'enfant, qui craint quelque dommage,

Me fourit , m'invite à l'aider.
Je me prête à fon badinage ;
Ah ! m'y devois-je hazarder !

L'Oifeau, de deffous le feuillage ,
Tout à coup s'envole en riant ,
Dans les rêts moi-même il m'engage :
L'Oifeau, c'étoit un autre enfant.

Ah ! dit-il , tu voulois me prendre ,
Tu foupireras déformais
C'eft pour te punir & t'apprendre
A qui l'on doit tendre des rets.

FRANCŒUR.

AIR. *M. de Catinat.*

Vraiment ç'eft tout de bon.

AZOR.

Jufqu'ici trop léger
Je n'avois recherché qu'un plaifir paffager :
Mais mon cœur aujourd'hui s'engage malgré moi
Et je penfe qu'enfin j'aime de bonne foi.

AIR. *Quoi ma Voifine eft tu fâchée.*

Euphrofine qui m'a fçû plaire
A mille appas ;
Mais elle fait trop la févere
On n'y tient pas.

LA SYBILLE,

FRANCŒUR.

Il faut sçavoir avec adresse
Saisir les tems,
En vendange une douce ivresse
Sert les Amans.

ARIETTE.

Chaque Bergere
En corset blanc,
Sur la fougere
D'un air galant,
Par une danse légere,
Fait naître les désirs
Appelle les plaisirs.
Le verre en main au milieu d'elles
Chaque Dragon chante ses feux.
Le doux plaisir séduit les Belles
Et brille bientôt dans leurs yeux ;
Le vin rend plus tendre,
On ne peut s'en défendre :
Et l'Amour par un choc léger
Fait sonner l'heure du Berger.
Chaque Bergere &c.

AZOR.

AIR. *De mon Berger Volage.*

Pour dompter la plus fiere

PARODIE.

Il ne faut qu'un moment.
L'ipstant ou la maniere,
Fait le sort d'un Amant.
Euphrosine rebelle,
Ne peut que m'exciter ;
Pour soumettre une Belle,
Un cœur doit tout tenter.

ARIETTE.

De la Gloire terrible
Suspendons les travaux,
Cherchons, vainqueur paisible
Des Triomphes plus beaux.   *Il sort.*

SCENE III.

FRANCŒUR ; *seul.*

Air. *Quand je suis dans mon Corps-de-garde.*

JE vais aussi voir ma Maîtresse,
Et lui parler tout nettement :
L'amant qui peint bien sa tendresse
Trouve toûjours un bon moment.

Air Noté ; Nº. 2.

De l'objet qu'Amour me garde

Si je dompte la fierté,
Les plaisirs, au Corps-de-garde,
Vont signer un doux traité.
Entre-nous jamais de guerre,
Ni dispute, ni procès,
Si l'amour vient nous en faire,
Lui-même en payera les frais.

Le soir après la retraite,
Tous deux nous boirons gaiment ;
Servi par cette poulette,
Que mon sort sera charmant !
La fête sera complette ;
Un repas simple & galant,
Près d'une vive brunette
Finit toûjours joliment.

Après ma garde finie,
L'Amour fera battre au champ ;
Le coup d'œil d'une prairie
Souvent inspire un Amant.
Près d'un ruisseau qui murmure
S'éleve un riant gazon ;
C'est un soin de la Nature,
Il n'est pas là sans raison.

Air. *Sur le Pont d'Avignon.*

Mais une Dame vient : Azor eſt avec elle :
Ici laiſſons-les ſeuls , & courons chez ma belle.

SCENE IV.

EUPHROSINE, AZOR.

EUPHROSINE.

ARIETTE.

Dieu charmant ,
Dieu de la tendreſſe ,
J'ai fait choix d'un Amant ;
En lui tout intereſſe ;
Soutenez
Ma flamme timide ,
Venez ,
Soyez mon guide ;
Quand je céde à vo attraits ;
Sauvez - moi les regrets.

AZOR.

Air , *Ingrat berger qu'eſt devenu.*
Vous revez ſeule en ce verger ,

E U P H R O S I N E.

Me fuivrez - vous fans ceffe ?

A Z O R.

D'un Amant qui ne peut changer
Approuvez la tendreffe.

E U P H R O S I N E.

Azor, je vous l'ai dit cent fois ;
De l'Amour je veux fuir les loix.

A Z O R.

A I R, *N'aurai-je jamais un Amant.*

Et pourquoi tant hair l'Amour,
Vous-a-t'il joué quelque tour ?
Cela ne doit point étonner.

E U P H R O S I N E.

Pourquoi donc je vous prie ?

A Z O R.

Peut-on ne pas lui pardonner ;
Vous êtes fi jolie.

E U P H R O S I N E.

A I R Noté, Nº 3.

Je trouve un jour fur l'herbette fleurie
Un petit arc, des fléches, un carquois ;

Je ne voyois pourtant dans la prairie
Aucun Chasseur , & j'étois loin du bois.

D'abord j'ai peur , je m'enfuis au plus vîte ,
Puis je reviens , mais fans trop approcher ;
J'avance un peu , j'examine , j'héfite ;
J'avois pourtant grand défir d'y toucher.

Tout à l'entour avec foin je regarde ;
Je m'enhardis , me voyant fans témoin ,
A m'en faifir alors je me hazarde ;
J'aurois mieux fait de les jetter bien loin.

Je prends un trait , j'admire fa figure ;
Il étoit d'or , il paroiffoit charmant :
Ah ! tout à coup je fens une bleffure ,
Je fais un cri , j'entends rire à l'inftant.

Ah ! ah ! vraiment vous êtes curieufe ,
Dit une voix , mais à tort vous pleurez ;
Un autre jour vous ferez plus heureufe ,
Pour cette fois vous vous en fouviendrez.

A z o r.

Air , *Hélas , Maman , pardonnez je vous prie.*

Souvent l'on paye affez cher en la vie
Un feul inftant de curiofité ;
Mais ce n'eft rien , auffi charmante envie

Ne peut chez vous qu'augmenter la beauté.

EUPHROSINE.

Faut il hélas , souffrir toute sa vie ,
Pour un instant de curiosité.

AZOR.

AIR. *Si les feux de tous les Amans.*

Pour guérir un pareil tourment ,
Il faut faire choix d'un Amant.

EUPHROSINE.

Non , non ,

AZOR.

Vous êtes singuliere ,
Un tendre aveu vous déplairoit.

EUPHROSINE.

Oui , Monsieur il m'offenseroit.

AZOR.

Eh mais , vous seriez la premiere.

ARIETTE.

Une belle
Sur ce point
Fait en vain la cruelle ,
On ne la croit point.
A votre âge on soupire

Pour un Amant.
Vous avez beau dire
Autrement,
On n'en croit rien à préfent;
Toûjours jeune Bergere
Sourit d'un tendre aveu,
Mais l'Amant trop témeraire
Veut-il fçavoir fi fon feu
A fçu plaire,
D'abord on dit non, non, non,
Eh bon, bon, bon, bon,
En eft-on la dupe aujourd'hui,
Tout bas votre cœur dit oui.

E U P H R O S I N E.

A I R. *Avec un Turc ordinaire.*

Ah cachons-lui que je l'aime;

A Z O R.

Que dites-vous, s'il vous plaît?

E U P H R O S I N E.

Que ma furprife eft extrême.

A Z O R.

A vous on prend interêt:
Oui, je veux vous être utile;
Je m'engage à vous former.

Mais montrez - vous plus docile,
Vous savez si bien charmer.

EUPHROSINE.

AIR. *Vaudeville d'Epicure.*

Azor réprimés cette audace
Ah ! que vous m'êtes odieux !
Et je vais vous quitter la place
Si vous ne sortés de ces lieux.

AZOR.

Trop d'ardeur a sû lui déplaire
Ayons recours au sentiment.
Mais laissons passer sa colere
Je reviendrai dans un moment.

SCENE V.

EUPHROSINE.

AIR. *De tout tems le Jardinage.*

AH ! qu'elle ardeur téméraire !
Si du moins elle est sincere,
Que mon sort sera charmant.
Mais, hélas, que je dois craindre

De

De voir quelque jour éteindre
Un feu qui paroit si grand.

A R I E T T E.

Par la Gloire
Un Guerrier animé,
Souvent de la Victoire
Ne veut que l honneur d'être aimé.
Sa flamme légere
N'eft que paffagere;
Amour fauvez-moi ce tourment
Fixés mon Amant.

N'eft-on pas affés à plaindre
De craindre
Pour des jours fi chers ;
D'attendre
Dans mille ennuis divers
Le retour des Hivers.
Pour un cœur tendre
Que de fujets de s'affliger !
Faut il encore le voir léger.
Par la Gloire , &c.

SCENE VI.

AZOR, EUPHROSINE.

Azor.

Air. *Depuis que j'ai quitté l'enfance.*

L Amour près de vous me rapelle,
Mais pourquoi cet air sérieux ;
Le courroux dépare une Belle,
Et la douceur lui convient mieux.

EUPHROSINE.

Votre façon d'aimer m'étonne
Azor cessés de m'irriter ;
Je ne dois plus vous écouter.

à part.

Ah ! tout bas mon cœur lui pardonne
Elle sort.

SCENE VII.

AZOR, FRANCŒUR, *entre après*
qu'Azor est sorti.

A z o r.

AIR. *Que je regrette mon Amant.*

Elle me fuit, ah ! suivons la.
FRANCŒUR.   *Azor sort.*

Ma Lisette est toujours sévere . . .
Mais mon Capitaine s'en va,
A sa Belle il aura sû plaire,
Car il paroît assés content.
Seul j'éprouve un cruel tourment.

AIR. *La bonne Avanture.*

La Sybille vient ici
Ah ! je me rassure ;
Pour mettre fin au souci
Que mon ame endure,
Parlons lui, je la prierai
Tant & tant que je sçaurai,
Ma bonne avanture
        O gué ,
Ma bonne avanture.

SCENE VIII.

LA SYBILLE, FRANCŒUR,
& suite.

LA SYBILLE.

ARIETTE.

Fraîche jeunesse
D'Amour pillés le Jardin,
Lourde vieillesse
Ne tentés plus de larçin.
Dans l'âge de la sagesse,
A Paphos quand on n'est plus Roi,
Faut près de son feu rester Coi.

Vieillard qui soûpire
Pour fleur de beauté,
Toujours inspire
La gaité;
La fillette
Polie & discrette,
Ecoute, mais tout bas s'en rit;
Dans un coin amour applaudit.
Fraîche jeunesse, &c.

AIR. *Nous jouiſſons dans nos hameaux.*

De ma tant bonne volonté
Profités je vous prie ;
Par fois d'Amour on eſt tenté ;
   Au moins une en ſa vie.
Pour être heureux ſous ſon pouvoir ,
   J'enſeigne la ſcience ;
A mon âge on peut au ſçavoir
   Joindre l'expérience.

LE CHŒUR.

AIR. Noté Nº. 4.

Ah !
La bonne
Perſonne ,
Ah ! l'excellent avis que voilà.

LA SYBILLE.

Pour plaire joli Sénateur,
De bons mots ſoyés grand diſeur ;
   Pas ne parlés de Code.
Surtout , à point , chez une Iris ,
   Décidés avec un ſouris
   D'un ruban à la mode.

LE CHŒUR.

Ah ! &c.

LA SYBILLE.

Medecin ayés ton galant,
Babillés bien, foyez plaifant,
Changés la Médecine.
Faut n'appliquer votre Art divin,
Qu'à donrer la fraîcheur au tein,
A rendre la peau fine.

LE CHŒUR.

Ah! &c.

LA SYBILLE.

De Plutus éleve opulent,
Ne faut être chiche d'argent
Mais bien en faire ufage ;
Donnés, comme joyeux préfens,
Bijoux, Maifon, Cheveaux fringuans,
Et galant Equipage.

LE CHŒUR.

Ah! &c.

LA SYBILLE.

En vacance bel Avocat
Quittés la Robe & le Rabat,
Mettés vous en épée,
Sifflés la petite Chanfon,
Et tenés vous près de Lifon.

Droit comme une Poupée.

LE CHŒUR.

Ah ! &c.   *La suite se retire.*

SCENE XI.

LA SYBILLE, FRANCŒUR.

FRANCŒUR.

AIR. *La si , la son , la sombredondaine.*

AH ! soulagés ma peine
La si , la son , la sombredondaine ,
Je la suporte à peine ,
Et j'en perds la raison ,
Patati , patata , pataton.

LA SYBILLE.

Conte moi ton tourment.

FRANCŒUR.

J'aime un tendron charmant ,
Mais ma recherche est vaine ;
La si , la son , &c.
Pour vaincre l'inhumaine ,
Il faudra du Canon.
Patati , patata , &c.

LA SYBILLE.

AIR. *Ah ! Nicolas soit moi fidele.*

Ta Maîtresse est-elle innocente ?

FRANCŒUR.

Vous qui, dit-on, en savés tant,
Croyés-vous aussi qu'à présent,
Il est encor quelqu'ignorante ?

LA SYBILLE.

Pas beaucoup,

FRANCŒUR.

Surtout, dites donc,
Dans un Pays de Garnison.

LA SYBILLE.

AIR. *A présent je ne dois plus feindre.*

Des Agnès de cette contrée
L'innocence est fort éclairée ;
Les Sénateurs & les Plumets,
Chacun les forme à sa maniere.
Sans compter les petits Colets
Qui les prennent à la liziere.

AIR. *Eh bien c'est une affaire faite.*

Mon cher, si je puis t'être utile,

Parle, je m'offre à te servir,

F R A N C Œ U R.

Vous aimés à faire plaisir,
Vous êtes bonne autant qu'abile.
Ah l'excellent cœur que voilà !
Je vais vous raconter cela.

   AIR. *Dans les Gardes Françoises.*

Lorsque dans ce Village
Je vins en garnison,
J'allai, selon l'usage,
Reluquer un tendron . . . . .

   AIR. *Palsangué M. le Curé.*

Dès que je vis son œil fripon
Mon cœur ne fut plus rebelle,
Surtout , morbleu, son joli pied mignon
Me fit tourner la cervelle.

   AIR. *Ton humeur est Catherine.*

Je débute en galant homme,
J'assomme tous mes Rivaux.
Je paye & vin & rogomme
Et puis les petits Cadaux . . . . .

   AIR. *Pour héritage.*

En fille honnête

Elle prit tout au mieux.
  A chaque Fête
Montroit un air joyeux......

AIR. *Là bas dessous ces verds Pommiers.*

Plus d'une fois sur le verd Pré,
  Farlarira dondé,
Ensemble nous avons.... sauté, dansé...

AIR. *Joués violons.*

Mais aujourd'hui la Perronnelle,
Fait avec moi la Demoiselle.
Quand je lui dis bonjour mon cœur.....

AIR. *M. le Prevôt des Marchands.*

Elle répond, Monsieur Francœur,
Finissés donc j'ai de l'honneur.....

AIR. *Habitans des Galeres.*

  Tredame
De moi se rit-on,
  Ma flamme,
N'entend pas raison....

AIR. *Vas toujours Tambour battant.*

Un Dragon doit en amourette
Faire toûjours un feu roulant.
Ne battre jamais la retraite
Quoiqu'un cœur fasse le méchant.

Le menacer de l'escalade,
Préfenter l'échelle auffitôt,
Et s'il ne bat la chamade,
Morbleu le prendre d'affaut.

LA SYBILLE.

AIR. *Bacchus difoit pour m'exciter à boire.*

N'aurois-tu pas parlé de mariage ?

FRANCŒUR.

Cela fe peut.

LA SYBILLE.

En ce cas je te plains.

FRANCŒUR.

Quoi vous croyés que fur pareil langage
Fillette compte ?

LA SYBILLE.

Oui vraiment je le crains.

FRANCŒUR.

AIR. *Ma Voifine à fait un faut pas.*

Palfambleu l'amour d'un Dragon
Dure autant que la garnifon,
Adieu quand le Printems commence,
De fon côté chacun s'en va.

Se marier, eh mais ouida !
C'eſt agir contre l'ordonnance.

LA SYBILLE.

AIR. *Chacun à ſon tour.*

Près d'une Belle un Militaire
Donne tous ſes ſoins à charmer ;
Si d'abord on eſt peu ſévere
C'eſt pour tacher de l'enflammer.
Eſt-il pris, la ſubtile fillette
Exige des preuves d'amour.
Chacun à ſon tour ,
Liron , lirette ,
Chacun à ſon tour.

FRANCŒUR.

AIR. *Sa ne vous va brin.*

S'il faut bruſquer le mariage
Palſambleu je ferai le ſaut.
Je ne dois pas craindre un outrage ;
J'ai le bras bon & le cœur haut.
Soldat qui fait bien ſon ſervice
N'a jamais peur qu'on le puniſſe ,
Ah ! l'Hymen n'a rien d'effrayant ,
Pour un bon vivant ,
Un bon vivant.

Il ſort.

SCENE X.
LA SYBILLE.

Air. *C'est un enfant.*

CEuillons les Roses de la vie,
Jouons sans cesse avec l'Amour;
A ce volage ôtons l'envie,
De nous abandonner un jour.
    Ah! pour l'ordinaire,
    Il ne reste guerre
Quand il n'a plus d'amusement.
    C'est un Enfant. (*bis.*)

ARIETTE.

Si jamais sur mon passage
Je fais rencontre d'Amour,
Ah! sais fort bien par quel tour ;
   Je punirai ce Volage.
   Tout d'abord m'en saisirai,
   Chés moi tôt le conduirai,
   Sans cesse l'amuserai
   Par quelques fêtes nouvelles.
   Ah! je le cherirai tant ,
   Je le carresserai tant , tant , tant , tant.

Que le petit inconstant,
Oubliera qu'il a des ailes.

SCENE XI.
AZOR, LA SYBILLE.

AIR. *Réveillez-vous belle endormie.*

M Adame excusés mon audace,
Mais je voudrois vous consulter.

LA SYBILLE.

Monsieur c'est me faire une grace
Et m'offenser que d'en douter.

AZOR.

AIR. *Je ne sais pas écrire.*

En ces lieux j'aime une Beauté;
Pour lui plaire j'ai tout tenté,
Mais elle en est plus fiere.

LA SYBILLE.

Quoi tous vos soins sont superflus?

AZOR.

Cela me surprend d'autant plus,
Que voilà la premiere.

LA SYBILLE.

ARIETTE.

Aimer sa Mie,
Fêter sa fantaisie,
C'est dans la vie
Avoir rosier fleuri.
Mais si la chance
Fait tourner la constance,
Amour s'offense,
Rosier devient flétri.
Aimer sa Mie, &c.

AZOR.

AIR. *Ne v'la-t'il pas que j'aime.*

Euphrosine a sû me charmer,
Mais que dois-je en attendre?
Elle ignore qu'il faut aimer,
Et ne veut pas l'apprendre.

LA SYBILLE.

AIR. *On n'a dans l'mariage.*

Quand il guette au Bocage
Bel Oiselet, *(bis)*
Chasseur sous le feuillage
Tend son filet.

AZOR.

Faut-il user d'adresse,

LA SYBILLE.

Oh, oui.

AZOR.

Ou peindre ma tendreſſe ?

LA SYBILLE.

Oh, que nani.

AIR. *Mais, mais, fort ſingulier.*

Il faut que je cache ma flame,

LA SYBILLE.

Eh, oui vraiment.

AZOR.

Le ſecret pour toucher une ame
Seroit charmant,
Quoi vous voulez que je ſoûpire
Ainſi qu'un galant du Palais,
Voir un objet rempli d'attraits,
L'adorer & n'oſer le dire ;
Je ſerois pour un Officier
Singulier,
Mais, mais, fort ſingulier.

LA SYBILLE.

ARIETTE.

Dans les beaux Jardins de Cithere

Tant

Tant & tant de fleurs on peut voir,
Mais le doux choix qu'il convient faire
Tout Amant n'en a le savoir.
Galant trop tôt devenu téméraire
Ne peut jamais qu'effrayer la beauté.
A quatorze ans pastourelle est sévere
Moins par raison que par timidité.

A Z O R.

AIR *Du Confiteor.*

Trop de réserve nuit souvent,
L'expérience le fait croire.
Un Guerrier & timide & lent,
Toûjours achette la Victoire ;
Impétueux, rempli d'ardeur,
Dès qu'il paroît il est vainqueur.

LA SYBILLE.

AIR. *C'est fait Minon Minette.*

Mainte-fois avec l'innocence
Amour du jeu court le hazard,
Le Dieu choisit par préférence
Joli jeu de Colin Maillard :
Met à la décence inquiette
Epais bandeau dessus les yeux,
Puis par un signe gracieux
Avertit le plaisir qui guette.

C

C'eſt fait minon minette,
Tu viendras
Quand tu voudras.

Quand c'eſt le tour à l'innocence
Sur ſes yeux met autre bandeau,
Laiſſe celui de la décence,
Même le ſerre de nouveau,
Avec ſa main d'humeur folette,
Prend garde ſi l'on ne voit point,
Puis une fois ſûr de ce point
Tout haut crie au plaiſir qui guette.
C'eſt fait minon minette;
Tu viendras
Quand tu voudras.

A Z O R.

A R I E T T E.

Je tairai les feux que je ſens,
Je vais me forcer au ſilence.
Azor vous doit l'obéiſſance;
Si vous l'exigez, j'y conſens.
Mais mes yeux parleront peut-être,
Comment réprimer leur ardeur?
De ſes regards eſt-on le maître,
Quand on ne l'eſt plus de ſon cœur.

SCENE XII.

LA SYBILLE, EUPHROSINE, AZOR,

EUPHROSINE.

AIR. *Voici les Dragons qui viennent.*

PRenons la fuite
Bien vîte,
L'Amour eſt ici :
Il vient d'attraper Colette,
Et peut-être qu'il vous guette,
Et nous auſſi.

LA SYBILLE.

AIR. *Ingrat Berger qu'eſt devenu.*

Je ſçais que l'Amour eſt ici :

EUPHROSINE.

Fuyons ſans plus attendre.

LA SYBILLE.

Reſtez , n'ayez aucun ſouci ,
Je ſaurai vous deffendre :
Fuir d'amour le charmant plaiſir,
Dans ſa jeuneſſe c'eſt vieillir,

ARIETTE.

J'avois pris dans un Bocage
Oiselet charmant,
Je l'avois mis dans la cage;
Il y devint languissant.
En vain j'animois son ramage,
Rien ne disoit que tristement.
Mais ce matin belle Fauvette
Est venue l'exciter,
Il s'est mis à chanter.
Pauvre fillette
Sans amourette
Languit comme mon Oiselet :
Amant rend le cœur guilleret.

EUPHROSINE.

AIR. *Je vis deux Oiseaux amoureux.*
Mon cœur a fait choix d'un Amant,
Dont l'ardeur est extrême;
Mais il a trop d'empressement
Pour savoir si je l'aime.

LA SYBILLE.

Eh bien avoués sans détour.
A quoi bon ce mistere.

EUPHROSINE.

Je voudrais qu'il sût mon Amour,

Et je voudrois le taire.

LA SYBILLE.

AIR. *Du haut en bas.*

Sans héfiter
Laiffez-le lire dans votre ame ,
Sans héfiter
Donnez-lui lieu de s'en douter.

EUPHROSINE.

C'eft ce qui m'embaraffe oh Dame !
Et je viens fur cela Madame ,
Vous confulter.

LA SYBILLE.

AIR. *Tout eft dit.*

Mais fi votre Amant le devine
Serés vous d'accord ?

EUPHROSINE.

Oui vraiment.

LA SYBILLE.

Il fuffit , mais Belle Euphrofine
Puis-je parler fincerement ?

EUPHROSINE.

Que fans détour votre bouche prononce.

LA SYBILLE.

Vous l'exigés ?

EUPHROSINE.

Oui j'attends sur cela.
Votre réponse.

LA SYBILLE, *lui présentant Azor.*

La voila.

AZOR.

AIR. *L'occasion fait le Laron.*

Belle Euphrosine helas votre colere,
M'a trop puni de ma témérité.
Pardonnés moi si j'ai pû vous déplaire
Mon excuse est votre Beauté.

SCENE XIII.,

LA SYBILLE, AZOR, EUPHROSINE,
FRANCŒUR, *tenant une Vendangeuse
par la main.*

AIR. *A la Dragone.*

Tiens touche là soyons Epoux,
Qu'avec moi ton sort sera doux,
Ma petite friponne.

Tu verras ce qu'eſt un Amant
Quand il fait aimer conſtamment,
   Ratapatapan,
A la Dragone.

L a S y b i l l e.

Air. *Quel plaiſir de s'aimer bien.*

Puiſque l'Amour eſt dans ces lieux
Voulés-vous toujours être heureux,
   Avoir bonheur ſuprême.
Engagés le vainqueur des Dieux,
   A vous unir lui-même.

L'Amour paroît pourſuivant les Vendangeurs.

L a S y b i l l e.

Mais quel bruit font nos Vendangeurs.
Pourquoi fuir ?

E u p h r o s i n e.

L'Amour les pourſuit.

L a S y b i l l e.

Fillettes ſont toujours peureuſes,
Mettons cet inſtant à profit ;
Le déſir doit nous rendre heureuſes,
   Suivez-moi toutes, approchons,
    Nous l'attraperons. (*bis.*)

Azor & Euphrosine vont pour attraper l'Amour, ils passent par dessous un Berceau, & sont pris dans un filet, Francœur & sa Vendangeuse dans un autre. L'Amour vient au milieu, se mocque d'eux ; la Sybille approche tout doucement par derrière, lui jette une Guirlande & l'enchaîne ; dès qu'il est pris tous les filets se rompent, & l'Amour unit tous les Amans.

LA SYBILLE.

AIR. *Oh, oh, oh, ah, ah, ah !*
Aimez-vous bien, mes chers Enfans
Vous ne sauriés mieux faire.
Lorsque l'on est dans son Printems
A t'on quelqu'autre affaire.
A vous voir tous aussi contens
Je crois n'être encor qu'à vingt ans.
Soyez toujours Amans :
Rien ne plaît autant que cela
La, la.

LE CHŒUR.

Oh, oh, oh, ah, ah, ah !
La bonne Dame que voilà.
La, la.　　　　　FIN.

APPROBATION.

J'ai lû par ordre de Monseigneur le Chancelier, la *Sybille*, Parodie ; & je crois que l'on peut en permettre l'impression, ce 11 Novembre 1758. *Signé*,

CREBILLON.

Rondeau
Nᵒ 1
Sur un Buisson de rose en rose
On napper=
=cevoit
l'Oiseau
de dessous

2

n.º II
De l'objet qui amour me garde

n.º III
Rondeau
je trouve un jour sur l'her=
belle fleurie

Da bord jai peur
jeprends un trait

4
n.º 4.e
Vaudeville